NÉCESSITÉ

DE LA TRANSFORMATION IMMÉDIATE

DE LA

BANQUE DE FRANCE

CRÉDIT

AUX COMMUNES, AUX DÉPARTEMENTS ET A L'ÉTAT

A 4 1/2 pour % l'an, amortissement compris en 20 ou 25 ans;

A LA PROPRIÉTÉ FONCIÈRE RURALE

A 2 1/2 p. % l'an, amortissement compris en 32 ans.

———

Par F. GRANIÉ père

Associé-correspondant de la Société d'Agriculture
de la Haute-Garonne.

———

PARIS

GUILLAUMIN ET Cⁱᵉ ÉDITEURS

De la collection des principaux Économistes, du *Journal des Économistes*,
du *Dictionnaire de l'Économie politique*, du *Dictionnaire universel*
du Commerce, de la Navigation, &, &,
RUE RICHELIEU, 14
1871.

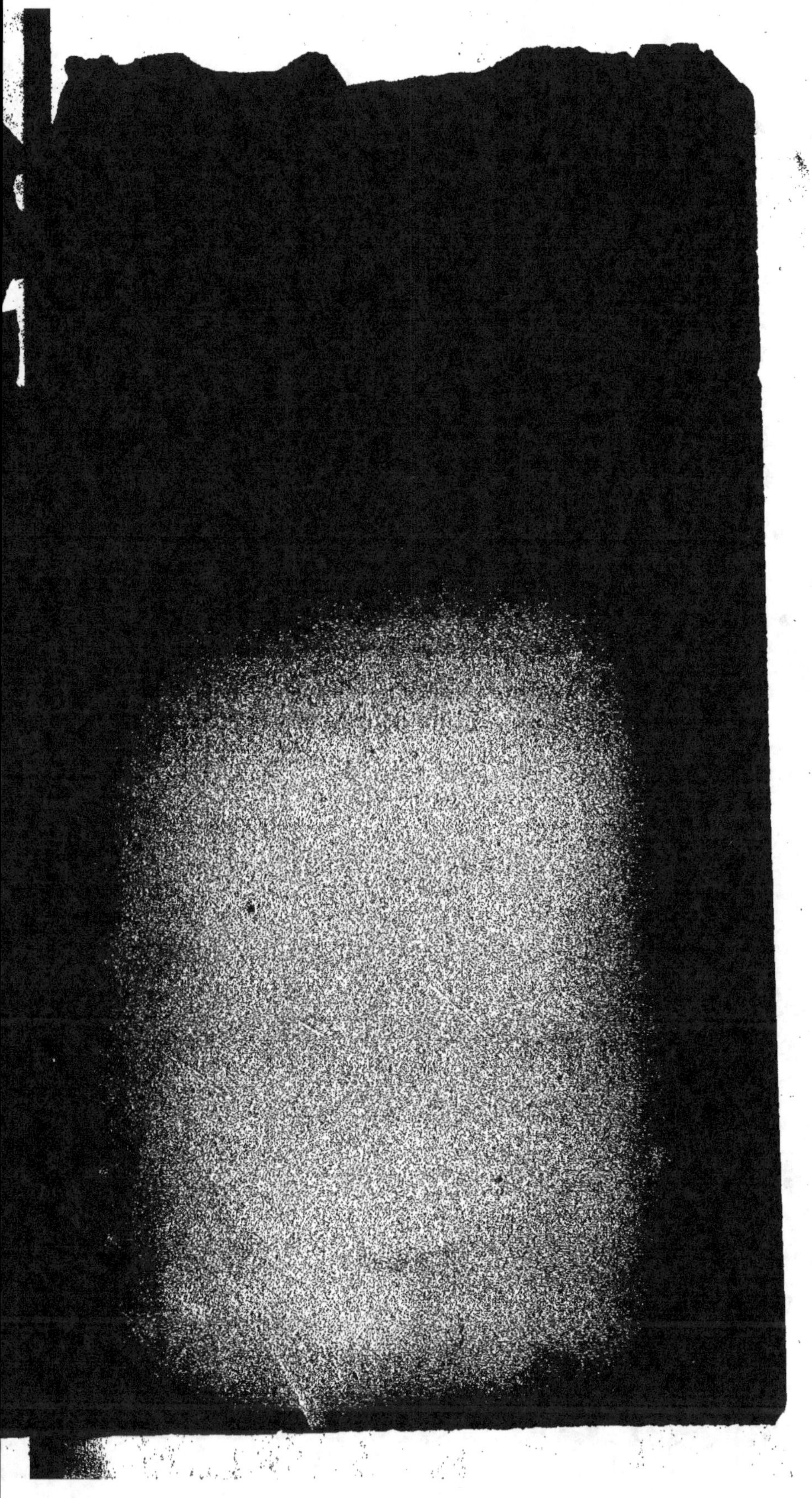

NÉCESSITÉ

DE LA TRANSFORMATION IMMÉDIATE

DE LA

BANQUE DE FRANCE

CRÉDIT

AUX COMMUNES, AUX DÉPARTEMENTS ET A L'ÉTAT

A 4 1/2 pour °/o l'an, amortissement compris en 20 ou 25 ans ;

A LA PROPRIÉTÉ FONCIÈRE RURALE

A 2 1/2 p. °/o l'an, amortissement compris en 32 ans.

Par **F. GRANIÉ** père

Associé-correspondant de la Société d'Agriculture
de la Haute-Garonne.

PARIS

GUILLAUMIN ET Cⁱᵉ EDITEURS

De la collection des principaux Economistes, du *Journal des Economistes*,
du *Dictionnaire de l'Economie politique*, du *Dictionnaire universel
du Commerce*, *de la Navigation*, &, &.

RUE RICHELIEU, 14.

1871.

NÉCESSITÉ

DE

LA TRANSFORMATION IMMÉDIATE

DE LA

BANQUE DE FRANCE.

I.

Le premier moment de stupeur provoqué par les désastres inouïs qui viennent de fondre sur la France, a fait place aujourd'hui à une douleur plus consciente et plus profonde, il est vrai, mais qui doit nous donner le courage de regarder en face toute l'étendue de nos malheurs. Tout citoyen, vraiment digne de ce nom, doit concourir à chercher les moyens de cicatriser les plaies dont la France est couverte.

Malheureusement, au triple point de vue politique, économique et social, tout ou presque tout est à refaire. C'est sur de nouvelles bases que la France doit asseoir aujourd'hui sa régénération morale et matérielle, régénération d'autant plus difficile, que l'ignorance et les exagérations de trop nombreux partis nous débordent.

Ce sera l'œuvre du temps, de la concorde et d'une persévérance longue et soutenue. Ce sera surtout l'œuvre de l'association de toutes les forces maté-

rielles, intellectuelles et morales de toute la nation.
Car, il n'est pas un homme, quelque grand que soit
son génie, capable de l'accomplir.

Laissant de côté la question politique, je viens
apporter mon grain de sable pour la reconstruction
de notre nouvel édifice social, si lugubrement ébranlé.
C'est à la question financière qui est la base de l'édifice, que je consacre cette étude. Loin de moi la
prétention de la traiter dans son ensemble ! ce serait
dépasser les limites de ma compétence. Je m'arrê-
terai seulement à l'une des assises de cette base,
je veux dire, à la question du crédit individuel et
du crédit public.

Mon but est de démontrer que le moment est venu
de transformer la Banque de France, et qu'il est
possible d'utiliser ses billets aux emprunts des communes, des départements, de l'État, et de la propriété
foncière rurale, qui, jusqu'à présent, ont été privés
des bienfaits du crédit à *long terme et à bon
marché*.

II.

Pour réparer les désastres matériels qui ont ruiné
27 de nos départements, pour payer les frais de la
défense nationale, et l'énorme contribution de guerre
qui nous est imposée, il faut de l'argent, beaucoup
trop d'argent ! Nos ressources monétaires sont loin
d'être proportionnées à nos besoins immédiatement
obligatoires. Cependant, il faut acquitter, avant tout
les cinq milliards imposés par l'Allemagne, pour

nous débarrasser au plus tôt de l'invasion humiliante et ruineuse de pillards et d'incendiaires.

Or, le stock monétaire de la France ne dépasse guère six milliards. Dans ces conditions, on conçoit qu'il n'est pas possible d'en exporter la plus grande partie, sans danger pour la circulation monétaire et pour les besoins du commerce, de l'industrie et de l'agriculture. Il faut donc recourir à un ou à plusieurs emprunts successifs et d'autant plus onéreux que les capitaux sont plus rares et le crédit public plus ébranlé.

Il est certain que, dans des circonstances normales, la France aurait trouvé chez elle et chez toutes les nations de l'Europe, à réaliser un emprunt de cinq milliards, tout énorme qu'il soit ; mais aujourd'hui faut-il compter sur le concours de nos voisins ? S'il nous est permis de croire à la sincérité des offres récentes de quelques capitalistes Anglais et Hollandais, la prudence nous commande de ne compter, de leur part, que sur un concours limité et à coup sûr, onéreux.

En effet, l'Angleterre, la Russie, l'Autriche, l'Italie, l'Espagne, la Hollande, la Belgique, restées impassibles devant nos défaites, ne sont-elles pas menacées elles-mêmes, par leur coupable indifférence, d'avoir besoin d'emprunter, si des évènements, hélas ! bien prochains peut-être, les obligent à faire la guerre ? Les banquiers Allemands pourraient bien avoir l'impudeur de nous offrir leur argent, mais, à quel prix ! Bismark nous en a donné la mesure.

III.

Pour éviter des emprunts onéreux, on proposera l'aliénation des forêts de l'Etat. Mais, l'agriculture n'a-t-elle pas eu à subir, déjà, les fatales conséquences du défrichement des forêts livrées à la spéculation? Ce défrichement n'est-il pas la cause directe de la disparition des sources qui arrosaient autrefois une partie de nos plaines, et des grêles périodiques occasionnées par la rupture de l'équilibre météorologique? Sans doute c'est une erreur économique de laisser à l'État, en dehors des écoles d'agriculture, le soin de cultiver des terres ; mais les forêts sont une partie du patrimoine public qu'un intérêt supérieur l'oblige à conserver.

On parlera de vendre les palais nationaux , tels que Versailles, Compiègne, Saint-Cloud, Saint-Germain, Fontainebleau ; mais, en vérité, le moment serait-il bien choisi pour tirer tout le parti possible de ces propriétés , lorsque la France va être obligée d'employer la plus grande partie de ses capitaux d'épargne à un tout autre usage que celui d'acheter des propriétés d'agrément et de luxe ? Aliéner ces châteaux historiques et artistiques serait une mauvaise affaire et une véritable profanation.

D'ailleurs, en aliénant les domaines nationaux , l'État n'altérera-t-il pas son crédit présent et à venir ? Je suis convaincu, pour ma part, qu'à tous les points de vue, la France doit conserver ses propriétés nationales, départementales et communales ; je dé-

montrerai tout à l'heure cette nécessité, en indiquant
le moyen de les utiliser à des emprunts hypothécaires successifs, dont les conditions permettraient
de cómbler, dans un délai déterminé, le gouffre de
la dette publique et des emprunts auxquels la nation
est aujourd'hui fatalement condamnée.

Pour le moment, il faut courir au plus pressé,
c'est-à-dire, payer à l'Allemagne les cinq milliards
pour la contribution de guerre,

Le budget de 1871, par des réductions sur les
émoluments et sur le nombre des fonctionnaires,
sur l'armée, sur la marine, fournira un appoint
d'une certaine importance; mais, d'un autre côté,
les intérêts de la dette publique qui figurent à ce
budget pour près de 500 millions, devront subir
une importante augmentation. Il faudra couvrir, en
outre, le déficit des recettes du budget de 1870
et des premiers mois de 1871, déficit qu'on n'éva-
lue pas à moins d'un milliard.

On pourra bien faire appel aux dons patriotiques :
mais, est-il permis de compter sur l'empressement
volontaire, après les défaillances dont nous avons
été témoins, et en présence de la misère qui,
depuis huit mois, pèse sur l'industrie, le commerce
et l'agriculture?

Enfin, on a proposé d'effectuer les emprunts de
l'Etat, au moyen d'une émission de billets de la
Banque de France, hypothéqués sur les domaines
nationaux. Cette idée serait d'autant plus praticable,
dans *certaines limites* et avec *certaines conditions*,
que la Banque a déjà prêté à l'Etat et à la ville de

Paris, avec la garantie de forêts et de terrains ; mais ces sortes de prêts ont été des exceptions aux opérations ordinaires de cet établissement de crédit. Car, pour échapper le moins possible à la condition de la *courte échéance* imposée par les statuts, on était obligé de procéder au plus vite à la vente des forêts et des terrains engagés. Au fond, c'était un prêt sur gage avec certitude *d'expropriation forcée*.

On dit que la Banque de France a avancé 400 millions au Gouvernement de la Défense Nationale. J'en ignore les conditions, mais, si elles sont telles que les précédents permettent de le présumer, il faut s'attendre à voir passer bientôt une nouvelle partie du domaine national dans les griffes de la spéculation. C'est de l'empirisme élevé à la plus haute puissance ; mais c'est un acheminement pour arriver à utiliser le Billet de Banque aux prêts hypothécaires à *long terme* et à *bon marché*, si nécessaires, aujourd'hui, à l'Etat, aux départements, aux communes et à la propriété foncière rurale.

IV.

Pour atteindre ce but si désirable, je vais examiner succinctement les questions suivantes :

Qu'est-ce que le Billet de Banque ? Quelles sont les garanties qui l'entourent, lorsqu'il est exclusivement employé à l'escompte des effets de commerce à courte échéance ?

Quelles conditions devrait-il remplir pour l'utiliser aux prêts à *long terme* et à *bon marché* ?

Le Billet de Banque est un certificat constatant que la Banque de France a reçu en échange une *contre-valeur* équivalente, sauf la retenue de l'escompte, laquelle devra être payée en espèces à un délai déterminé. — Il est payable à vue au porteur, en monnaie ; il n'a *aucune valeur intrinsèque ;* il est tout simplement un *instrument de crédit* qui parvient à *faire fonction de monnaie,* tant que le public lui *accorde sa confiance,* en vertu des garanties sur lesquelles il repose ; mais il peut être refusé par quiconque lui préfère la monnaie. Le Billet de Banque est un billet à ordre perfectionné, dont la *force de circulation* est *proportionnelle* aux garanties qui lui servent de base. Il est un puissant auxiliaire de la circulation monétaire, mais il ne saurait constituer par lui-même un *capital.*

C'est avec cet instrument de crédit que la Banque effectue ses diverses opérations.

Le remboursement intégral des Billets de Banque est garanti :

1° Par les effets de commerce revêtus de trois signatures solidaires ;

2° Par le capital des Actionnaires de *beaucoup inférieur à l'émission*, et qui depuis longtemps déjà a été transformé en titres de la dette publique.

On comprend que, malgré les trois signatures, la matière escomptable est exposée, dans des circonstances rares mais possibles, à une certaine part d'*alea.*

Quant au capital des Actionnaires transformé en rentes sur l'État, non seulement il est plus susceptible d'aléa que la matière escomptable, mais il perd son caractère de *disponibilité immédiate*, au moment où il serait le plus utile de s'en servir, par la raison que, par suite de commotions politiques, il est sujet à des dépréciations considérables.

En effet, en 1848, la Banque de France et les Banques départementales avaient acheté avec leur capital, au prix de 110 à 120 fr., des titres de rente 5 p. 0/0, qui descendirent rapidement jusqu'à près de 60 fr. Aussi furent-elles obligées de demander le *cours forcé*, afin d'éviter des pertes à leurs Actionnaires et des perturbations désastreuses au commerce et à l'industrie. Les billets de ces Banques perdaient, par cette mesure, leur caractère d'*instrument de crédit* et devenaient un véritable *papier-monnaie*.

Le cours forcé que nous subissons aujourd'hui a aussi pour cause principale, la *transformation du capital* en titres de rente.

L'*alea* qui entoure la matière escomptable et le capital des actionnaires est donc la cause du *cours forcé*, et de la nécessité pour la Banque de n'escompter que des valeurs à *courte échéance*, condition à laquelle se prêtent facilement le commerce et l'industrie dont les échanges et la production sont très-multipliés.

La propriété foncière rurale, dont la plupart des produits exigent au moins une année, et certains autres plusieurs années, avant d'être présentés à la consommation, ne saurait s'accommoder de la *courte échéance*. Pour elle, le *long terme* et le taux de l'intérêt au *dessous* du revenu moyen du sol , sont des conditions inévitables. Il en est de même pour les emprunts des communes , des départements et de l'État , pour lesquels le *long terme* et le *bon marché* sont d'autant plus légitimes , que toutes les charges de l'État retombent, en définitive, sur les contribuables.

V.

Il faut donc chercher dans quelles conditions le Billet de Banque pourrait être utilisé aux prêts à *long terme*.

Puisque la courte échéance est la conséquence de l'alea qui entoure la matière escomptable de la Banque de France et le capital des Actionnaires, et que par suite de cet alea, la confiance du public peut être altérée jusqu'à rendre nécessaire le cours forcé des billets, il faut trouver le moyen de mettre les billets à *l'abri de toute espèce de risques.*

A cet effet il est nécessaire :

1° Que le Billet de Banque repose sur un *gage certain ;*

2° Que le gage soit d'une valeur *supérieure* à l'émission pendant toute la durée du prêt , quoique cette valeur soit exposée à certaines fluctuations ;

3° Que le gage soit réalisable en monnaie à court délai , c'est-à-dire , aussi immédiatement disponible que possible.

Or , le sol nu , c'est-à-dire , estimé sans y comprendre les constructions ni les plantations de toute nature, remplit au plus haut degré les conditions que je viens de formuler. Car, de même que la monnaie est la marchandise, la valeur mobilière *par excellence ;* de même le sol est la valeur immobilière *par excellence.* Ceci n'a pas besoin de démonstration.

La science économique dit que le sol n'est pas *mobile*, et qu'en l'absence de cette qualité, il ne saurait servir de base à une émission de billets. Il est vrai que le sol n'est divisible que *superficiellement*, et qu'on ne peut en emporter une parcelle dans sa poche, comme un titre de rente, ou le transporter sur un wagon comme un produit. Mais, du moment qu'il est certainement réalisable en monnaie, la *mobilité* n'est-elle pas la conséquence de l'échange du sol contre le numéraire ? Dès lors, le sol n'acquiert-il pas le caractère essentiel de *disponibilité* aussi immédiate que les effets de commerce revêtus de trois signatures et que les titres de rente ?

Pour rester dans les principes de la science, la Banque de France aurait dû conserver en monnaie le capital de ses actionnaires. Ce gage eût été, dans ces conditions, un gage *certain*, de beaucoup inférieur à l'émission sans doute, mais *immédiatement disponible.* C'est la *disponibilité*, c'est-à-dire, la possibilité d'échanger un gage en monnaie qui peut donner à ce gage la qualité de *certain.* Qui donc pourrait soutenir que le sol soit un gage *moins certain* que les titres de rente sur l'Etat, ou les effets de commerce revêtus de trois signatures ?

N'est-il pas la source de tous les capitaux matériels, de la monnaie elle-même et de tous les produits nécessaires à l'existence de l'homme? N'est-il pas, en un mot, l'instrument de travail, la machine la plus parfaite et la plus *indispensable* à l'humanité?

Ah! si l'on avait la prétention d'émettre des Billets de Banque pour une somme égale à celle de la valeur vénale du sol, la science aurait mille fois raison de s'insurger contre une telle absurdité. En souvenir des assignats de sinistre mémoire, la science économique a donc pu repousser les projets plus ou moins rationnels qui ont été proposés pour satisfaire aux prêts *à long terme*, au moyen du Billet de Banque basé sur le sol. Mais elle aurait dû chercher, et elle aurait certainement trouvé des procédés pour rendre ce service à l'agriculture, aux communes, aux départements, à l'Etat. Elle a sans doute préféré laisser aux hommes pratiques le soin de combler cette lacune regrettable.

Si l'on reconnaît que le sol est un gage *certain* et *réalisable en monnaie*, il ne reste plus qu'à déterminer les limites de l'émission par rapport à la valeur du gage. Dans le projet de Banque Foncière rurale que j'ai eu l'honneur de présenter en 1866, 1867 et 1868 (1) à la Société d'Agriculture de la

(1) *Gratuité du Crédit foncier.* — Paris. Guillaumin, 1866.

Exposé d'un système de Crédit foncier rural. — Février 1867.

Complément de l'Exposé d'un système de Crédit foncier rural. — Juin 1867.

Exposé complet d'un système de Crédit foncier rural. — Juin 1868.

Haute-Garonne, j'ai fixé cette limite à la *moitié* de la valeur du sol nu, laquelle correspond au *tiers* environ de la valeur vénale. De la sorte, le prêt de la Banque ou, ce qui est la même chose, l'émission pour une propriété d'une valeur vénale de 100,000 fr., ne pourra pas dépasser 33,000 fr.

Dans cette proportion, il est certain que le gage conservera *pendant toute la durée du prêt* une valeur de *beaucoup supérieure* à l'émission ; j'ajoute que, dans mon système, la Banque effectuant elle-même l'amortissement, le Billet de Banque est d'autant plus solide et plus garanti, qu'on se rapproche du terme de l'amortissement ; enfin, les fluctuations des prix de la propriété foncière rurale n'altèrent pas la valeur du sol dans les mêmes proportions que celles qui peuvent frapper la valeur des titres mobiliers et plus particulièrement les titres de rente. En effet, le sol tend d'autant plus à augmenter de valeur, qu'indépendamment de l'augmentation résultant des progrès de la science agricole et de la sécurité qu'il présente aux capitaux de placement, l'homme est naturellement porté à s'en approprier une parcelle, si petite soit-elle.

Donc, en limitant les *prêts* ou l'*émission* à la *moitié* de la *valeur du sol nu* ; en modifiant la loi sur l'hypothèque, de manière à rendre *obligatoire* l'inscription des diverses sortes d'hypothèques légales ; enfin, en abrégeant les délais pour l'expropriation, le Billet de Banque, payable au porteur et à *l'abri de toute espèce de risques*, peut être utilisé aux *prêts* à *long terme*.

VI.

On ne peut obtenir immédiatement cette application que par la transformation de la Banque de France. J'ai cherché à démontrer dans la dernière brochure que j'ai publiée en 1869 (1) , qu'il est possible d'organiser une Banque foncière rurale et agricole , faisant usage du Billet de Banque payable à vue , et *indépendante* de la Banque de France, afin d'échapper aux conditions exagérées de celle-ci , si on voulait la charger du service des prêts hypothécaires à *long terme*. Mais cette praticabilité démontrée , la transformation de la Banque de France m'a toujours paru et me paraît encore susceptible de résultats plus immédiats.

Dès 1866, je signalais cette nécessité à M. le Ministre du Commerce, de l'Agriculture et des Travaux publics. Cette même pensée est également développée dans l'une des brochures adressées en 1867 à la Société d'Agriculture de la Haute-Garonne. J'indiquais alors (et je persiste à le croire), que ce n'est pas en *amoindrissant* le privilége de la Banque de France , mais en l'*étendant* qu'il faut opérer cette transformation qui s'impose comme une nécessité inévitable. Ce ne sera pas un acte de *centralisation*

______

(1) *Organisation théorique et pratique du Crédit foncier rural et du Crédit agricole combinés,* 1869. Paris, Guillaumin. Cette brochure est le résumé de celles que j'ai publiées précédemment.

telle qu'on la repousse , à bon droit, dans l'organisation administrative et politique. Ce sera *l'association* des forces vives du Crédit , et par conséquent un acte de solidarité et d'utilité nationales. Dèslors , le privilége disparaîtra par ce fait seul que la Banque exploitera ce privilége au profit du plus grand nombre. Ne justifiera-t-elle pas mieux ainsi son titre de Banque de France ?

Les conséquences de cette transformation sont incalculables : et cette combinaison du Crédit individuel et du Crédit public présente plus d'avantages que la liberté des Banques par les motifs suivants :

1° Les Billets de Banque seront uniformes et à l'abri de toute espèce de risques ;

2° Les frais généraux seront plus économiques ;

3° L'encaisse métallique commun sera entretenu, comme aujourd'hui , par le mouvement naturel de la circulation monétaire, par les versements des recettes de l'Etat et par l'affluence du numéraire résultant de la *commodité* et de la *solidité* des Billets et des petites coupures réduites à 20 francs, et qu'on pourrait plus tard faire descendre à 10 francs ;

4° Les actionnaires recevront de plus forts dividendes sans augmenter leur capital ;

5° Les emprunteurs trouveront des capitaux de roulement, remplacés par des *instruments de crédit*, faisant fonction de monnaie , avec les conditions nécessaires du *long terme* et *d'un bon marché* auquel les capitaux ne sauraient atteindre.

Je vais, en effet , démontrer que , pour les prêts hypothécaires effectués au moyen du Billet de

Banque, on parviendra à supprimer les deux principaux éléments dont se compose l'intérêt dû au
capital.

La Banque de France ne prête pas de numéraire
qui est un capital réel, résultant de l'épargne. Elle
ne donne que ses Billets au porteur. Or, ces billets
n'étant que des billets à *payer*, ne constituent pas
un *capital*. Aussi, figurent-ils constamment au
passif de la Banque.

Si la Banque de France fait usage de billets à
payer pour les prêts hypothécaires, de quel droit
exigerait-elle la *valeur de location* d'un *capital*,
puisqu'il n'y a pas de *capital employé*? Cet élément
principal de l'intérêt doit donc être supprimé, avec
d'autant plus de raison que l'emprunteur, en hypothéquant la valeur intégrale de sa propriété, fournit
un capital de garantie d'une valeur *triple* dè celle
des billets qu'il reçoit et que, par ce fait, il devient
actionnaire de la Banque, et pour ainsi dire son
propre prêteur. Si donc on exige de lui la valeur
de location du capital comme *emprunteur*, il faudra
la lui rendre à titre d'*actionnaire*. Dans ce cas,
pourquoi la lui demander ?

Vient, la question des risques. Mais les risques
étant nuls, la Banque ne saurait exiger la prime
d'assurance proportionnelle à la solvabilité de l'emprunteur et ordinairement ajoutée au taux courant
de la location du capital. C'est encore un élément
de l'intérêt à éliminer.

La Banque n'a donc à prétendre qu'aux frais généraux d'exploitation de son privilége et à une com-

mission d'intermédiaire. Les frais généraux, évalués à 0,20 c. annuels pour chaque 100 fr. empruntés, seraient une large rémunération, à cause de la multiplicité des opérations. Quant à la commission, elle peut être fixée à 0,30 c. annuels pour chaque 100 fr. ; mais cette quotité pourrait, plus tard, être diminuée, proportionnellement à la multiplicité des opérations. Ces deux éléments réunis forment un total de 1/2 p. 0/0 par an, attribué à la Banque de France.

A cette quotité, il faut en ajouter une pour l'amortissement. On peut la fixer à 4 p. 0/0 pour l'État, les départements et les communes, et à 2 p. 0/0 pour la propriété foncière rurale. L'annuité serait donc pour les premiers de 4 1/2 p. 0/0 et pour la seconde de 2 1/2 p. 0/0 par an, *amortissement compris*.

Dans ces conditions, les emprunts des communes, des départements et de l'État, seront amortis en 25 ans, si on ne place pas les annuités pour abréger ce terme.

La capitalisation des 4 p. 0/0 destinés à l'amortissement, au taux de 3 p. 0/0 l'an, effectuée par la Banque, permettrait de réduire ce terme à 19 ou 20 ans au plus. De sorte que l'État recevant 100 fr. de la Banque et ne payant que 20 annuités de 4,50 soit 90 fr., se trouve avoir amorti l'emprunt avec une somme *inférieure* à celle qu'il a reçue. Il est vrai qu'il faut ajouter à ces 90 fr. la double inscription hypothécaire et les frais de notaire. Mais ces frais ne changent pas sensiblement le résultat dont les contribuables n'auront pas à se plaindre.

Le taux de 2 1/2 p. 0/0, y *compris l'amortissement*, pour la propriété foncière rurale, est justifié par la nécessité de laisser le taux de l'intérêt au-dessous du revenu moyen du sol. Sans cette condition, on reviendrait aux errements funestes des emprunts hypothécaires actuels, ruineux pour toute exploitation agricole, et qui rendent difficile, sinon impossible, le remboursement de la dette hypothécaire de l'agriculture.

La quotité de 2 p. 0/0 par an permettrait d'amortir, en 50 ans, les emprunts hypothécaires fonciers, en retirant, chaque année, de la circulation une somme en Billets de Banque égale au montant des annuités encaissées. Il serait facile, pourtant, d'abréger ce terme, en utilisant les annuités, soit à des avances sur consignation de denrées, aux agriculteurs qui ne voudraient pas ou qui ne pourraient pas fournir une hypothèque, soit à l'escompte des effets de commerce, ainsi que je l'ai indiqué dans mes diverses brochures.

Ces avances et ces escomptes seraient effectués à un taux moins élevé que celui des banquiers ou des capitalistes, à cause des garanties exigées par la Banque. Toutefois, le taux de l'intérêt et de l'escompte serait variable et se composerait :

1° De la valeur de location du capital ;

2° D'une très faible quotité pour l'assurance ;

3° De la quotité fixe de 1/2 p. 0/0 attribuée à la Banque pour frais généraux et commission.

Ici , la valeur de location du capital devient légitime , par la raison que les annuités résultent de la vente de produits et qu'elles constituent un véritable *capital d'épargne.*

La capitalisation à raison de 3 p. 0/0 l'an de la portion de l'annuité (2 p. 0/0 de l'emprunt) , destinée à l'amortissement, permettrait d'éteindre la dette de la propriété foncière rurale , rigoureusement en 28 ans. Pour éviter tout mécompte , je la porte à 35 ans. Dans cette limite extrême , l'emprunteur n'aurait à payer que 35 annuités de 2 fr. 50 , soit 87 fr. 50 pour chaque 100 fr. qu'il aurait reçu de la Banque , plus 4 inscriptions hypothécaires, les frais d'estimation des propriétés et ceux du notaire. Les chiffres sont trop éloquents pour que j'insiste sur ce résultat.

On comprend que , par cette combinaison , tous les billets utilisés aux diverses opérations de la Banque transformée , peuvent être *uniformes* et en même temps à *l'abri de toute espèce de risques.* Car , en supposant que les effets de commerce et les avances sur consignation de denrées subissent quelques avaries, le pire qui puisse arriver, c'est que l'amortissement, au lieu d'être effectué en 28 ou 30 ans, ne le soit qu'en 33 ou 35 ans. Or , comme dans cette période supplémentaire , la capitalisation des annuités s'élèverait dans la proportion de 100 à 150 , proportion que les pertes ne sauraient atteindre , il y aurait encore avantage pour les emprunteurs hypothécaires, parce que l'amortissement serait effectué pour eux en 35 au lieu de 50 ans.

VII.

Cependant, il faut reconnaître que, quoique la Banque de France ne puisse pas organiser simultanément le service des diverses catégories de prêts, l'uniformité des Billets pourra bien exister. Mais en attendant le complet exercice de son organisation nouvelle, l'insuffisance des annuités l'obligera., au début, à utiliser une certaine quantité de billets appuyés sur les gages actuellement en usage. Cette série de billets disparaîtra dès que la Banque de France sera organisée pour prêter hypothécairement à la propriété foncière rurale, aux communes, aux départements et à l'Etat. Il n'y a donc pas lieu de s'inquiéter de l'usage momentané des deux séries de billets qui n'en conserveront pas moins leur *uniformité*.

Il n'y a pas à se préoccuper davantage de la quantité de Billets de Banque jetés dans la circulation, car ils n'y seront appelés que par des besoins réels. Croit-on, par exemple, qu'un particulier empruntera par hypothèque pour l'unique agrément de conserver dans sa caisse de la Monnaie ou des Billets de Banque dont il n'aura pas l'emploi immédiat et utile? Quant au propriétaire qui empruntera, non en vue de l'amélioration de sa terre, mais pour satisfaire à des désirs de luxe exagéré ou de jeu, il ne pourra pas payer longtemps les annuités. La Banque le fera exproprier, en retirant préalablement de la circulation le montant des billets émis pour cet emprunteur, et tout sera dit.

Dans les circonstances actuelles, il n'y a donc pas

à s'effrayer d'une émission considérable de billets appelés par des *besoins réels*. Car notre stock monétaire ne dépasse guère 5 à 6 milliards. Or, ce stock sera en grande partie exporté pour payer la contribution de guerre, et malheureusement, peut-être, pour acheter certaines denrées qui nous feront défaut. Ne serait-il pas *utilement* remplacé dans la circulation générale par les billets qui auront servi aux prêts à long terme de la Banque de France transformée? Est-ce que ces billets, à l'abri de toute espèce de risques, n'inspireront pas au public une confiance absolue, et dès lors n'acquerront-ils pas une force de circulation qui les abritera contre le cours forcé?

Pour ma part, je suis convaincu qu'ils sont destinés, pour un certain temps, à devenir une véritable et solide monnaie fiduciaire, indispensable en ce moment pour faciliter les transactions intérieures.

Plus tard, ces billets perdront de leur utilité et reviendront à leur source au fur et à mesure que la prospérité publique ramènera la richesse, par suite de l'amortissement successif des emprunts qui auront provoqué la création de billets. C'est le même fait qui se réalise, lorsqu'un négociant ou un industriel enrichi restitue aux capitalistes les capitaux empruntés.

VIII.

Je crois avoir démontré la praticabilité des procédés de crédit qui permettraient à la Banque de France de prêter hypothécairement, à LONG TERME et AU MEILLEUR MARCHÉ POSSIBLE, à l'Etat, aux

communes, aux départements, et à la propriété
foncière rurale, je pourrais ajouter à la propriété
immobilière urbaine. Mais on ne peut pas tout réformer en un jour, surtout en pareille matière.

J'ai fait ressortir l'économie qui résulterait de la
capitalisation des annuités payées par les emprunteurs hypothécaires, capitalisation que la Banque de
France effectuerait elle-même, en utilisant ces
annuités à l'escompte des effets de commerce, à des
avances sur valeurs mobilières et sur consignation
de denrées agricoles, etc., etc.

Je propage et je soutiens ces procédés depuis 1861,
date de la publication de ma première brochure sur
ce sujet ; mais je lutte plus sérieusement depuis
1866. Aurai-je encore longtemps à combattre ?

Il serait trop long d'énumérer ici les heureux
résultats de la transformation de la Banque de France.
Tout le monde peut les entrevoir ; mais il me sera
permis d'en signaler l'*utilité* et surtout la *moralité*.

En effet, il sera possible de rembourser graduellement la dette hypothécaire qui écrase et ruine
l'agriculture ; on parviendra ainsi à rétablir l'équilibre entre les moyens d'action et de production de
l'agriculture et de l'industrie, équilibre qui n'a été
rompu que par l'absence d'une institution de crédit
à *long terme* et à *bon marché* pour la propriété
foncière rurale.

D'un autre côté, on pourra compter sur l'amortissement successif de toute la dette publique. Ajou-
tons que le mode d'emprunt de l'Etat à la Banque
aboutit à la disparition successive des titres de

rente du marché de la Bourse, et par conséquent
à l'abolition du jeu sur le crédit public. Enfin,
l'Etat, c'est-à-dire nous tous contribuables, nous
ne serons plus exposés au triste et ruineux privilége
de rembourser à nos créanciers une somme *supérieure* à celle que nous aurons reçue. C'est le contraire
qui aura lieu.

IX.

Admettons que la Banque de France soit autorisée
à modifier ses statuts et à élargir le cadre de ses
opérations dans les conditions que j'ai indiquées.
Il reste à rechercher si elle doit organiser simultanément les nouvelles sections qui seront la conséquence de sa transformation. Je pense que cet
établissement de crédit doit procéder graduellement
et pourvoir, avant tout, aux besoins qui touchent
aux intérêts les plus généraux.

Partant de cette base, l'Etat, délégué de tous les
contribuables, doit être appelé, le premier, à profiter
des avantages d'un mode d'emprunt qui rendra moins
lourd le fardeau de la contribution de guerre à
laquelle la France est condamnée et qu'elle a le plus
grand intérêt à payer immédiatement. Mais, dans
quelle mesure l'Etat peut-il avoir recours à la
Banque de France ?

Pour répondre à cette question, il est nécessaire
de connaître la valeur de la partie *aliénable* du
patrimoine national.

Les forêts de l'Etat, qui constituent la partie la
plus importante du domaine productif *aliénable*,
étaient évaluées en 1866 à la somme de 927 millions.

On peut la porter aujourd'hui, sans témérité, à celle
d'un milliard, ci . . . . 1000 millions.
  Le domaine de la Couronne était
à cette même époque de. . . . 250 millions.
  Diverses propriétés s'élevaient à 75 millions.
  Et les biens affectés à un service
public à . . . . 700 millions.
Ensemble fr. 2,025 millions.
ce qui forme un total de deux milliards en nombres
ronds. (1)

On comprend que ce chiffre est loin de représenter
la valeur totale du domaine de l'Etat. « Le total, dit
« M. P. Boiteau , est de 4 milliards, et certes c'est un
« chiffre au *dessous* de la valeur des choses ; car ,
« on n'y fait entrer le prix d'aucune des admirables
« parties mobilières du domaine public qui peuplent
« nos musées et nos bibliothèques et dont l'Etat a
« la garde. Mais une estimation générale suffit ,
« quand il n'est pas possible d'en trouver une plus
« juste. »

Avec deux milliards de domaines aliénables ,
appuyés même de ceux qui ne le sont pas, et qui
sont à peu près de la même valeur, il ne serait pas
possible à l'Etat d'emprunter les cinq milliards à la
Banque de France, si l'on s'en tenait rigoureusement
à la limite que j'ai fixée plus haut. Dans cet état,
l'emprunt ne devrait pas dépasser *un milliard*.

(1) Ces évaluations, ainsi que celles relatives aux propriétés
communales, sont empruntées à l'excellent livre de M. P. Boiteau,
intitulé : *Fortune publique et finances de la France.* — T. I.
page 256. Paris, Guillaumin et Cⁱᵉ.

Toutefois, dans la situation anormale, mais passagère, où nous nous trouvons ; devant la nécessité d'exporter la plus grande partie de notre stock métallique ; enfin, en présence d'une mesure qui est un *allégement* pour tous les contribuables, je crois que l'Etat peut emprunter, sans danger, *deux milliards* à la Banque de France transformée.

Mais, cette somme ne suffit pas ; c'est CINQ MILLIARDS, *au moins*, qu'il faut de suite. Où les trouver ?

X.

Les communes possèdent des propriétés aliénables d'une valeur considérable. M. P. Boiteau , dans le volume et l'ouvrage déjà cités , pages 411 et 412, donne les chiffres suivants, tirés d'un document officiel datant de 1857. La superficie des propriétés communales, aliénables, était à cette époque, de 4,809,283 hectares, donnant 57,714,804 francs de revenu et valant en capital 1,980,814.223 francs, soit *deux milliards* en nombres ronds.

Avec de pareilles ressources, les communes ne pourraient-elles pas *cautionner hypothécairement* une partie de l'emprunt national ? Avec l'appui des communes, l'Etat pourrait , sans danger, et dans l'intérêt des contribuables, obtenir de la Banque de France un prêt *d'un milliard* , représentant la moitié seulement de la valeur des propriétés communales. En admettant que, depuis 1857, certaines de ces propriétés aient été aliénées , cette évaluation peut être maintenue aujourd'hui.

. C'est donc *trois milliards* que l'État peut emprunter à la Banque de France, et les trois milliards de billets remplaceront très utilement dans la circulation les trois milliards de monnaie qu'il faudra donner à l'Allemagne.

Ce n'est pas tout ; il faut encore se procurer DEUX MILLIARDS. Je ne vois pas d'autre moyen que celui de recourir, soit à l'emprunt public, soit à l'emprunt par les banquiers et les grandes sociétés financières. Mais avant de nous arrêter à ce procédé, comparons les résultats :

1° D'un emprunt fait à la Banque de France et amortissable en 25 ans, sans capitalisation des annuités ;

2° D'un emprunt public amortissable comme le précédent en 25 ans ;

3° Enfin d'un emprunt à la Banque avec capitalisation des annuités.

L'emprunt de *trois milliards* oblige l'État à payer à la Banque 25 annuités représentant 4 1/2 p. 0/0 de l'emprunt, dont 1/2 p. 0/0, soit 15 millions, attribués à cet établissement de crédit, et 4 p. 0/0 pour l'amortissement en 25 ans, soit 120 millions. Ces deux sommes forment un total de 135 millions.

Il en résulte que la somme des 25 annuités s'élève à . . . . 3,375 millions.

L'État reçoit pour le prêt. . . 3,000 millions

et ne paie, en sus de l'emprunt, que   375 millions, lesquels viennent se confondre avec les bénéfices bruts de la Banque de France, pour couvrir les frais généraux, la fabrication et l'échange des billets et la commission qui lui est due à titre d'intermédiaire.

On comprend que, chaque année, la Banque n'a qu'à retirer de la circulation une somme de 120 millions en billets de Banque et à restituer à l'État des titres de rente pour une somme égale. Ces billets et ces titres sont annulés ; et, au terme de 25 ans, l'emprunt est complètement amorti.

Examinons maintenant le cas d'un emprunt public comme on le pratique ordinairement.

Si l'État fixe le prix des titres de rente 3 p. 0/0 d'après le taux de l'intérêt à 5 p. 0/0, il faudra les placer au prix de 60 fr. pour 3 fr. de rente, pour qu'il reçoive les TROIS MILLIARDS.

En limitant, comme dans le premier cas, l'amortissement à 25 ans, l'État aurait à porter au budget annuel des dépenses : 1° la somme annuelle destinée à l'amortissement. . . . . . . 120 millions.

2° L'intérêt à 5 p. 0/0 qui, pour la première année, serait de 150 millions et diminuerait chaque année de 6 millions représentant l'intérêt des 120 millions remboursés annuellement. La moyenne de cet intérêt pour les 25 ans serait de . . . . 78 millions.

Total à payer annuellement pendant 25 ans, en moyenne . . . . . 198 millions.

Donc la somme à payer par l'État pour intérêts et amortissement de l'emprunt de 3 milliards, s'élèverait en 25 ans à. . . . . . 4,950 millions.

L'État n'ayant reçu que . . . . 3,000 millions,

la différence est de . . . . . 1,950 millions.

Comme on le voit, c'est *près de* DEUX MILLIARDS
de plus que l'Etat n'a reçu ; c'est raide quand on
peut faire autrement. Je n'ai pas besoin de dire
que pour ne payer que 2 milliards en sus des 3
milliards reçus, l'État devrait racheter les titres au
prix moyen de 60 fr., c'est-à-dire au prix de l'é-
mission ; ce qui n'est pas probable.

Constatons que, de la comparaison des deux modes
d'emprunt dont je viens de parler, le premier présente sur le second une économie *minima* de 1,575
millions pour les contribuables.

Enfin, si la Banque de France utilise la partie
des annuités destinée à l'amortissement (4 p. 0/0),
à l'escompte des billets de commerce, à des avances
sur consignation de denrées agricoles, sur titres
mobiliers, &., &., de façon à capitaliser cette partie
des annuités à raison de 3 p. 0/0 l'an, l'État n'aurait
à payer les annuités que pendant 20 ans.

Dans ce cas, le taux de l'escompte et des avances
pourrait être maintenu en moyenne à 4 p. 0/0, dont
1 p. 0/0 serait attribué à la Banque, et 3 p. 0/0
pour la capitalisation. Ce procédé permettrait à l'État
de recevoir. . . . . 3,000 millions
et de ne payer que 20 annuités
de 135 millions, soit . . . . 2,700 millions
différence *en moins de la somme*

reçue. . . . . 300 millions.

En résumé, dans les trois combinaisons que je
viens d'exposer, on trouve que pour un emprunt
de trois milliards, l'État doit rembourser :

2,700 millions pour un emprunt à la Banque
avec capitalisation des annuités ;
3,375 millions pour un emprunt à la Banque
sans capitalisation des annuités ;
4,950 millions pour un emprunt public *placé* et
racheté au prix de 60 fr. pour des titres de rente
3 p. 0/0 et à celui de 100 fr. pour des titres de rente
5 p. 0/0.

Pour ce dernier cas, il est peu probable que le
patriotisme du capital soit surexcité au point de
souscrire à un emprunt, en rente 3 p. 0/0, au prix
de 60 fr., ou en rente 5 p. 0/0 à celui de 100 fr.
Un emprunt public ne sera très certainement souscrit
qu'à un prix inférieur. La cote de la rente à la Bourse
est le thermomètre auquel l'État pourra mesurer le
prix de l'émission de ses emprunts. Or, comme dans
un temps plus ou moins prochain, la prospérité et
la confiance feront monter les titres de la dette publique, on peut être assuré que les contribuables
seront exposés à racheter, au prix de 65, 70, 80 fr.
peut-être, des titres pour lesquels l'État n'aura reçu
que 52, 55 ou 60 fr. Un particulier qui régirait
ainsi sa fortune mériterait d'être envoyé à Charenton,
s'il pouvait faire autrement

XI.

Quant à l'emprunt de DEUX milliards destiné
à compléter la somme de CINQ milliards indispensable pour payer sans retard la contribution de
guerre, il faudra recourir à l'emprunt public ou à

l'emprunt par l'entremise des banquiers. Cet emprunt, à quelques conditions qu'on le réalise, pourra être remboursé en vingt ans, si le Gouvernement veut se résigner à réduire le budget des dépenses au strict nécessaire , tout en augmentant ou en créant certains impôts. C'est ce que je vais essayer de démontrer.

Pour n'avoir pas à éprouver de mécomptes et rester dans la voie pratique , admettons que l'Etat soit obligé de faire descendre le prix de l'émission des titres de rente 3 p. 0/0 à 50 francs ; ce prix représente un capital placé à 6 0/0. Or, en remboursant, chaque année, le vingtième de l'emprunt , soit 100 millions , l'Etat aura à payer d'abord

ces. . . . . 100 millions.
plus les intérêts de la 1re année. . 120 millions.

Ensemble. . . . 220 millions.

La 2e année , cette somme sera réduite à 214 millions ; la 3e à 208 millions , et ainsi de suite , suivant une progression arithmétique décroissante de 6 millions par an , jusqu'à la fin de la 20e année. De sorte que la somme *moyenne* à payer chaque année s'élèvera à. . . . .. . Fr. 163 millions, à laquelle il faut ajouter. . . 30 millions, représentant la différence moyenne entre le prix de rachat que j'élève à 65 francs, et celui de l'émission que j'ai fixé à 50 francs. Cette différence est de 30 p. 0/0 en moyenne.

L'annuité à payer annuellement par l'Etat pour amortir l'emprunt public de deux milliards en 20 ans , sera donc, en moyenne, de 193 millions , et le total de ces annuités s'élève à 3,860 millions pour deux milliards reçus.

Résumons les résultats de l'emprunt total des cinq milliards pour la contribution de guerre.

Pour les trois milliards empruntés à la Banque de France, avec capitalisation des annuités , la somme annuelle à payer pendant 20 ans serait de. . . . . 135 millions.

Pour l'emprunt public de deux milliards, la moyenne serait de. . 193 millions.
____
Ensemble. . . 328 millions.

Donc, l'emprunt de cinq milliards serait remboursé moyennant 20 annuités de 328 millions, soit 6,560 millions , c'est-à-dire avec une augmentation de 1,560 millions sur le capital reçu.

Ce même emprunt de cinq milliards , effectué en entier par le mode actuel et dans les conditions de l'émission à 50 fr. et de rachat à 65 fr. , exigerait le paiement de 20 annuités de 482 1/2 millions , qui produiraient la somme de. . . 9,650 millions, remboursés par les contribuables pour une recette de. . 5,000 millions.
____
Différence en plus. . . 4,650 millions.

Enfin , le même emprunt effectué par la Banque de France , avec capitalisation de la portion de l'annuité destinée à l'amortissement, serait éteint par vingt annuités de 225 millions.

L'Etat recevrait , dans ce cas , 5,000 millions
et ne paierait que vingt annuités
de 225 millions produisant. . . . 4,500 millions

La différence en *moins* de la
somme payée à la somme reçue
est de. . . . . 500 millions
Cette différence mérite qu'on s'y arrête.

Qu'il me soit permis de mettre sous les yeux du lecteur les résultats de ces modes d'emprunt pour ce qui concerne les CINQ MILLIARDS de la contribution de guerre. L'Etat aurait à rembourser en vingt ans :

4,500 millions pour un emprunt de 5 milliards à la Banque , avec capitalisation des annuités ;

6,460 millions pour un emprunt de *cinq milliards*, dont *trois milliards* empruntés à la Banque avec capitalisation des vingt annuités de 135 millions chacune ; et *deux milliards* pour un emprunt public dont l'annuité serait ; en moyenne, de 193 millions ;

9,650 millions pour un emprunt public de *cinq milliards* émis à 50 francs et racheté en moyenne à 65 fr.

Dans le 1er cas, l'annuité est de 225 millions;
Dans le 2me, les deux annuités
réunies s'élèvent à . . . . 328 millions.
Dans le 3me cas, elle est de. . . 482 1/2 millions.

Je réserve mon opinion sur le choix de l'un de ces trois modes pour le résumé de cette étude.

On comprend que, suivant le mode qui sera adopté, l'Etat aura à ajouter l'une des trois annuités ci-dessus, aux 500 millions environ qui figurent au budget des dépenses pour le service des arrérages de la dette publique actuelle et des pensions. S'il a la prétention d'emprunter sans amortissement, il ne parviendra qu'à l'anéantissement du crédit public, et préparera ainsi la ruine certaine de la France.

XII.

Je n'en ai pas fini avec ces maudits emprunts de l'Etat, qui est dans l'obligation d'emprunter encore TROIS MILLIARDS pour couvrir les dépenses de la défense nationale et le déficit des recettes de 1870 et de 1871.

Je n'ai encore rien dit du crédit nécessaire aux propriétaires fonciers ruraux des départements dévastés systématiquement par le vol, le fer et le feu de nos ennemis Il ne faut pas oublier non plus que la propriété foncière des autres départements a une dette hypothécaire qui la ruine et dont le taux de l'intérêt rend le remboursement sinon impossible, du moins très-problématique. Ne faut-il pas, en outre, mettre à la disposition de l'agriculture les capitaux de roulement qui lui ont fait défaut jusqu'à ce jour ?

Et l'industrie et le commerce n'ont-ils pas besoin

du concours puissant du crédit, lorsque, depuis huit mois, toutes les transactions sont anéanties, et les échéances suspendues ?

La besogne est rude, il faut le reconnaître ; mais la Banque de France transformée peut devenir l'agent de la régénération de l'agriculture, comme elle a été celui du commerce et de l'industrie ; c'est un rôle trop beau et trop profitable pour qu'elle ne s'empresse pas de l'accepter.

La Banque de France, après avoir prêté son concours pour l'emprunt intégral ou partiel de CINQ MILLIARDS, concours si économique pour les contribuables, peut et doit *en même temps* et dans certaines limites, prêter hypothécairement à l'agriculture. Ce qui ne l'empêchera pas de continuer à rendre au commerce et à l'industrie les services que, depuis plus de 60 ans, elle prodigue exclusivement à ces deux branches de l'activité humaine. Car, les annuités destinées à l'amortissement des emprunts de l'État et de la propriété foncière rurale, seront de précieuses ressources qui l'aideront à élargir le cadre de ses escomptes et de ses avances avec des *billets abrités contre toute espèce de risques*.

Ainsi que je l'ai dit plus haut, c'est au moyen de prêts hypothécaires *à long terme*, effectués par la Banque de France à la propriété foncière rurale, au taux de 2 1/2 p. 0/0 l'an (y compris l'amortissement en 32 ou 35 ans au plus), que l'agriculture pourra se débarrasser de la dette hypothécaire qui l'écrase.

Si je ne me trompe (et à cet égard je n'ai pas sous la main les chiffres certains), la dette spéciale de la propriété foncière *rurale* ne s'élève pas à moins de 6 à 7 milliards.

Dans l'état actuel de notre outillage social et de l'ignorance générale sur les questions de crédit, il serait imprudent, je le crois du moins, de chercher à rembourser à la fois les prêteurs hypothécaires, au moyen d'une émission de Billets de Banque, quoique ces billets présentent une *sécurité absolue.*

On pourrait limiter, pour le moment, les prêts hypothécaires de la Banque à la propriété foncière, à *trois milliards,* qui rendraient disponible une somme égale dans les mains des prêteurs actuels. On dira, peut-être, que ces prêteurs ne consentiront pas à recevoir des Billets de Banque et qu'ils exigeront de la monnaie. Mais les prêts n'étant pas *simultanément* effectués, il sera facile de donner satisfaction à ceux qui exigeront des espèces : car ils n'auront pas la naïveté de se priver du revenu de leur capital, s'ils trouvent un placement *immédiat* et *avantageux.* Le numéraire qu'ils auront reçu ne tardera donc pas à reprendre le chemin de la circulation. Ce placement, les capitalistes sauront bien le trouver. L'Etat, d'ailleurs, pourra en fournir l'occasion immédiate, en ouvrant un emprunt de *trois milliards* qui compléteraient les HUIT MILLIARDS qu'il doit se procurer le plus tôt possible.

Cet emprunt, placé au bas prix de 50 fr. pour 3 fr. de rente (1), porterait le taux de l'intérêt à 6

(1) A ce prix la souscription serait bientôt couverte par les prêteurs actuels de la propriété foncière rurale, qui trouveraient à placer immédiatement et avantageusement (6 p. 0/0) les capitaux provenant du remboursement d'une partie de la dette hypothécaire.

p. 0/0 et exigerait 180 millions par an pour le service des arrérages, sans parler de l'amortissement qui, pour cet emprunt, ne pourrait commencer qu'après celui des *cinq milliards,* c'est-à-dire dans 20 ans.

Il est évident que si, pour le moment, on limite à TROIS MILLIARDS les prêts hypothécaires de la Banque à la propriété foncière rurale, ces prêts constituent un *privilége* pour les emprunteurs, relativement à la répartition de l'impôt. Aussi l'équité la plus élémentaire exige que l'Etat, dans ces circonstances, profite de la différence entre le taux actuel des prêts hypothécaires (6 p. 0/0 au moins, en moyenne, non compris l'amortissement) et celui que fera payer la Banque de France (2 1/2 p. 0/0 amortissement compris).

Cette différence, qui est de 3 1/2 p. 0/0, augmentera le budget des recettes de 105 millions et *réduira,* par conséquent, le *service des arrérages* de 180 à 75 millions.

Par ce moyen, le principe d'égalité devant l'impôt se trouve sauvegardé. La situation des emprunteurs hypothécaires n'est pas sensiblement améliorée, je le reconnais : mais on parvient à atténuer l'augmentation inévitable des impôts, et les emprunteurs acquièrent la certitude de pouvoir rembourser leur dette en ne payant que la somme qu'ils appliquent actuellement à l'intérêt du capital emprunté. C'est un double avantage qu'il est bon de signaler.

XIII.

Le moment est venu de résumer l'ensemble des avantages qui résulteraient de la transformation immédiate de la Banque de France.

Et, d'abord, afin de nous débarrasser de l'invasion allemande, je me prononce carrément pour l'emprunt intégral de CINQ MILLIARDS à la Banque de France, avec capitalisation des annuités et en hypothéquant les domaines de l'Etat et ceux des communes ; car, à une situation sociale exceptionnelle , les palliatifs sont impuissants. Il faut des remèdes énergiques , pourvu que ces remèdes ne soient pas empiriques , qu'ils procèdent des principes de la science et qu'ils soient conformes aux lois de la plus stricte équité et de la plus haute moralité. C'est par des moyens empreints de ces caractères qu'il sera possible de cicatriser nos plaies. Le crédit , largement et économiquement distribué, non par l'Etat , mais par l'initiative des actionnaires de la Banque, peut, seul, retirer la France du gouffre profond où l'a précipitée une guerre inique et dont elle est si cruellement et pour si longtemps punie.

Pourquoi donc ne trouverait-elle pas chez elle ce crédit nécessaire, lorsque la valeur de la propriété foncière est, au moins, de 120 milliards, et celle de la fortune mobilière d'une somme à peu près égale ? Comment! avec DEUX CENTS MILLIARDS de valeurs et QUARANTE MILLIONS DE CONTRIBUABLES, payant annuellement plus de DEUX MILLIARDS d'impôts, la France ne pourrait pas trouver HUIT MILLIARDS de crédit ? Et pourquoi l'Etat, qui est le gérant des contribuables, pourquoi la propriété foncière rurale et la propriété foncière urbaine ne l'obtiendraient-ils pas à bon marché de la Banque de France, lorsque cet établissement fait payer le crédit que tous les contribuables donnent GRATUITEMENT à ses billets ?

A ceux qui prétendent qu'une émission de huit milliards doit apporter une perturbation (et il s'en trouvera), je réponds : La France, avant peu, verra son stock monétaire, passer à l'étranger. Il lui reviendra, sans doute, mais il faudra du temps. En attendant, il est de toute nécessité de remplacer la monnaie métallique exportée par des instruments de crédit dont la solidité absolue les rendra propres à *faire fonction de monnaie*. Le Billet de la Banque de France est aujourd'hui assez acclimaté, par suite des succursales établies en province depuis quelques années. Que la Banque en augmente le nombre ; qu'elle réduise à 10 francs les petites coupures, et bientôt l'acclimatation sera complète; car ses billets, reposant sur le sol, ne seront plus exposés, comme ceux d'aujourd'hui, au cours forcé qui vient les frapper à chaque commotion politique.

Enfin, je répète qu'au fur et à mesure que la

prospérité publique permettra de former des capitaux d'épargne, les billets remonteront et viendront s'éteindre à leur source ; (1) car, alors, ils perdront de leur *utilité* et ne circuleront plus qu'en vertu de leur *commodité*. Alors, se représentera le phénomène de la soi-disant grève non pas d'un milliard, mais de plusieurs milliards entassés dans les caves de la Banque, ainsi que nous l'avons vu, dans ces dernières années, jusqu'au moment où la guerre a éclaté. Mais, hélas! que nous sommes loin de ce résultat! Je reviens aux avantages qui résulteraient de la transformation immédiate de la Banque de France.

A mon sens, l'Etat devrait emprunter à la Banque cinq milliards. Sur cette somme, trois milliards serviraient à payer les dépenses occasionnées par la défense nationale, et à couvrir le déficit des budgets de 1870 et de 1871. Ces trois milliards de billets jetés dans la circulation générale amélioreraient la situation du commerce et de l'industrie et permettraient de prélever, sans secousse, deux milliards de

(1) De même qu'un industriel souscrit d'autant moins de billets qu'il a accumulé plus de capitaux d'épargne ; de même, la Banque émettra d'autant moins de billets que la fortune publique sera plus grande et permettra de disposer de plus de capitaux d'épargne. On ne souscrit des billets à payer que lorsqu'on n'a pas assez de capitaux réels pour payer immédiatement; et l'on peut dire que la quantité de billets à payer souscrits par une banque, pour le service du crédit individuel et du crédit public, est en raison inverse des capitaux d'épargne accumulés.

numéraire (pour la première portion de la contribution de guerre), remplacés, d'ailleurs, immédiatement par les deux milliards de billets restant de l'emprunt de l'Etat à la Banque de France.

Après cette opération, cet établissement de crédit se préparerait à rembourser TROIS MILLIARDS seulement de la dette hypothécaire de la propriété foncière rurale; et c'est, à ce moment, que l'Etat pourrait demander à l'emprunt public les trois derniers milliards de la contribution de guerre; tout cela serait l'affaire de quelques mois.

Cherchons maintenant la somme qu'il faudrait porter au budget annuel pour suffire aux arrérages et au remboursement de ces deux emprunts de cinq milliards et de trois milliards.

L'emprunt de CINQ MILLIARDS, *amortissable en 20 ans*, effectué par l'intermédiaire et au moyen des billets de la Banque de France, avec capitalisation des annuités à 3 p. 0/0, exigerait 20 annuités de 225 millions chacune.

Par conséquent, l'Etat se libérerait des arrérages et du capital de CINQ MILLIARDS, en versant chaque année 4 1/2 p. 0/0, dont 4 p. 0/0 seraient capitalisés à 3 p. 0/0 l'an par la Banque, et 1/2 p. 0/0 seraient attribués à cet établissement de crédit. Par cette combinaison, l'Etat n'aurait donc à payer que 4,500 MILLIONS pour se libérer de l'emprunt de CINQ MILLIARDS.

Il résulte de ce qui précède que, pour cet emprunt

de cinq milliards l'annuité s'élèverait à   225 millions.

Pour l'emprunt public de trois
milliards placé à 50 francs, l'intérêt
à payer, non compris l'amortissement, s'élèverait à la somme
de. . . . . . 180 millions,
dont il faut déduire
le produit de l'impôt(1)
résultant de la diffé-
rence du taux moyen
de la dette hypothé-
caire avec celui de la
Banque, soit 3 1/2
p. 0/0. . . . . . 105 millions.

La différence est de. . . . . . 75 millions.

L'ensemble des sommes ci-dessus
est de (2). . . . . 300 millions.

Donc, moyennant 300 millions ajoutés au budget
pendant 20 ans, l'Etat aurait amorti les CINQ MIL-

(1) Cet impôt, on se le rappelle, ne frappera que les propriétaires fonciers ruraux qui auront profité des prêts de la Banque
de France.

(2) En prolongeant le terme de l'amortissement à 32 ans, l'annuité pourrait être réduite à 2 1/2 p. 0/0 du capital, et pour cinq
milliards à 125 millions; de sorte que l'on n'aurait à porter au
budget que 200 millions, au lieu de 300 millions. Les 32 annuités
de 125 millions produiraient seulement 4 MILLIARDS, au moyen
desquels les CINQ MILLIARDS seraient remboursés. Cette quotité
d'annuités présente plus d'économie et permet de diminuer la somme à porter au budget; mais, d'un autre côté, serait-il possible
de placer facilement et utilement ces annuités pendant 32 ans,
de manière à les capitaliser à 3 p. 0/0?

LIARDS et payé les intérêts des TROIS MILLIARDS.
Il pourrait, à ce terme, par l'entremise de la Banque
et avec les mêmes conditions, procéder à l'amortissement des *trois milliards*, à un prix déterminé
d'avance au moment même de l'emprunt; je veux
dire que si l'Etat émet l'emprunt public à 50 francs,
par exemple, il préviendra les souscripteurs que,
dans 20 ans, il se réserve le droit de racheter les titres
en ajoutant 10 p. 0/0, par exemple, au chiffre de la
souscription.

Toutefois, il s'agit de savoir si le Gouvernement
peut et *veut* réduire le budget des dépenses, de
façon à suffire au paiement de ces trois cents millions.
Pour ma part, je ne doute pas de la *possibilité*.
Mais osera-t-il trancher dans le vif, et réduire de
200 millions le budget de la guerre et de la marine ?
Osera-t-il supprimer toutes les sous-préfectures et
congédier, au moins, la moitié du personnel inutile
de la bureaucratie administrative, en exigeant de
l'autre moitié une *durée* et une *quantité* de travail en
rapport avec les appointements actuels, très suffi-
sants, en général, si on les compare à ce que re-
çoivent les travailleurs les plus intelligents de l'industrie pour des travaux plus durs et de très longues
journées.

On peut désirer toutes ces réformes ; mais est-il
permis d'y compter ?

Cependant, si l'Assemblée nationale et le chef du
pouvoir exécutif de la République française compren-
nent leur mission, ils doivent agir au plus vite et
réduire toutes les dépenses de façon à n'avoir plus de

déficit dans le budget. Que dirait-on d'un père de famille qui dépenserait plus qu'il ne gagne ? Telle est pourtant la triste situation dans laquelle l'Etat se débat depuis trop longtemps.

Au lieu d'économiser, la France s'est endettée outre mesure ; et la dernière guerre vient d'élargir encore le gouffre dans lequel le moindre vertige peut l'engloutir.

XIV.

Une institution de crédit fonctionnant au profit du plus grand nombre, avec des *billets à l'abri de toute espèce de risques*, tel est le moyen d'améliorer notre situation. Qui donc refusera sa confiance à des billets garantis sur le sol d'une valeur *triple* de celle de l'émission, jusqu'au moment où il sera possible de reconstituer nos capitaux d'épargne ? Chacun de nous, sans exception, n'est-il pas intéressé à recevoir ces billets comme la monnaie elle-même, lorsque la monnaie va nous faire défaut ? Est-ce que les Billets actuels de la Banque de France, malgré la certaine part d'alea qui les entoure, n'ont pas acquis la faculté de circulation jusque dans nos hameaux ? Après tout, est-ce que nous refuserions de *nous faire crédit à nous-mêmes,* lorsque nous avons la certitude de pouvoir payer dans un délai déterminé ?

Il est certain qu'il n'est pas possible de donner

simultanément satisfaction à toutes les branches du crédit : car les besoins sont immenses. Mais, dans l'espace de quelques mois, la Banque de France transformée peut rendre de grands services à l'Etat, c'est-à-dire à tous les contribuables et à la propriété foncière rurale. Puis tout s'enchaînera et se complètera. L'important, aujourd'hui, c'est qu'elle soit autorisée légalement et le plus tôt possible, à effectuer avec ses billets au porteur, des prêts hypothécaires à la propriété foncière rurale et urbaine, à l'Etat, aux départements et aux communes.

Il faut, en même temps, réformer la loi sur les *hypothèques légales*, en rendant *obligatoire* l'inscription de toutes ces sortes d'hypothèque, afin qu'il soit possible de constater, à toute heure, la situation VRAIE d'un emprunteur hypothécaire. Car l'hypothèque légale est le principal obstacle du crédit à long terme.

Les délais pour l'expropriation doivent être abrégés, de façon à rendre les propriétés territoriales *aussi immédiatement disponibles que possible*. Un décret, dans ce sens, du 28 février 1852, a été édicté au profit de la Société du crédit foncier. Serait-il impossible de l'appliquer à celui de la Banque de France ?

Enfin, rien n'empêche d'appliquer à l'agriculture de la métropole les articles 8 et 9 de la loi du 11 juillet 1851, qui sont ainsi conçus :

« Art. 8. Tous actes ayant pour objet de constituer
« des nantissements par voie d'engagement, de
« cession de récoltes, de transport ou autrement,

« *au profit des banques coloniales* , et d'établir
« leurs droits comme créanciers, seront enregistrés
« au droit fixe de deux francs.

« Art. 9. Les receveurs de l'enregistrement tien-
« dront registre : 1° de la transcription des actes de
« *prêts sur cession de récoltes pendantes*, dans
« la circonscription de leurs bureaux respectifs ; 2°
« des déclarations et oppositions auxquelles ces actes
« pourront donner lieu. »

Le législateur pourrait étendre l'application de ces
dispositions aux prêts sur consignation de certaines
denrées agricoles, au domicile même de l'emprunteur, ce serait une mesure nécessaire pour le service
du crédit *agricole* proprement dit.

L'autorisation accordée et les lois réformées, la
Banque prêtera, d'abord, *cinq milliards* à l'État qui
représente les intérêts les plus généraux, et *trois
milliards* à la propriété foncière rurale qui pourra
ainsi rembourser une partie de sa dette hypothécaire,
en empruntant à des conditions qui lui permettront
de prévoir le terme d'un remboursement intégral.
— Ces trois milliards disponibles, trouveront leur
placement naturel et avantageux dans l'emprunt
public des trois milliards destinés à solder les huit
milliards que nous coûtera la guerre. — Plus tard,
viendra le tour de la propriété foncière urbaine, des
départements et des communes.

Qu'il me soit permis, en terminant, de résumer
l'ensemble du mécanisme de la Banque transformée.

La Banque de France sera divisée en autant de
sections qu'il y aura de services différents.

La section des prêts hypothécaires à l'Etat, aux départements et aux communes, formera trois divisions.

La section des prêts hypothécaires à la propriété foncière se composera de deux divisions : celle de la propriété foncière rurale , et celle de la propriété foncière urbaine.

La section des prêts sur consignation de denrées agricoles au domicile même de l'emprunteur, et sur récoltes pendantes pourra être organisée en deux divisions.

La section de l'escompte des effets de commerce et des avances sur titres et sur lingots, formera trois divisions.

C'est par la Banque elle-même et avec les annuités des emprunts *hypothécaires* de toute nature , que l'amortissement de ces sortes d'emprunts sera effectué. Elle capitalisera ces annuités (qui constituent un capital d'épargne) en les utilisant , de préférence , à des avances sur consignation de certaines denrées agricoles, sur récoltes pendantes , à l'escompte des effets de commerce, à des avances sur valeurs mobilières , etc., etc. En cas d'insuffisance des annuités pour effectuer largement ces diverses opérations, la Banque créera des billets qui seront garantis, comme aujourd'hui , par les trois signatures solidaires et par le capital des actionnaires.

Telles sont les bases sur lesquelles il faut asseoir la transformation de la Banque de France. Cette combinaison aboutit à l'association mutuelle et coo-

pérative des branches principales du crédit individuel et du crédit public, attachées à un même tronc,
mais sans solidarité nécessaire entr'elles.

Que d'autres, plus habiles, présentent un projet
plus pratique et plus économique, et je serai le
premier à applaudir !

F. GRANIÉ père.

Toulouse , le 10 mars 1871.

Toulouse, Imprimerie Troyes Ouvriers-Réunis, rue Saint-Pantaléon, 3.

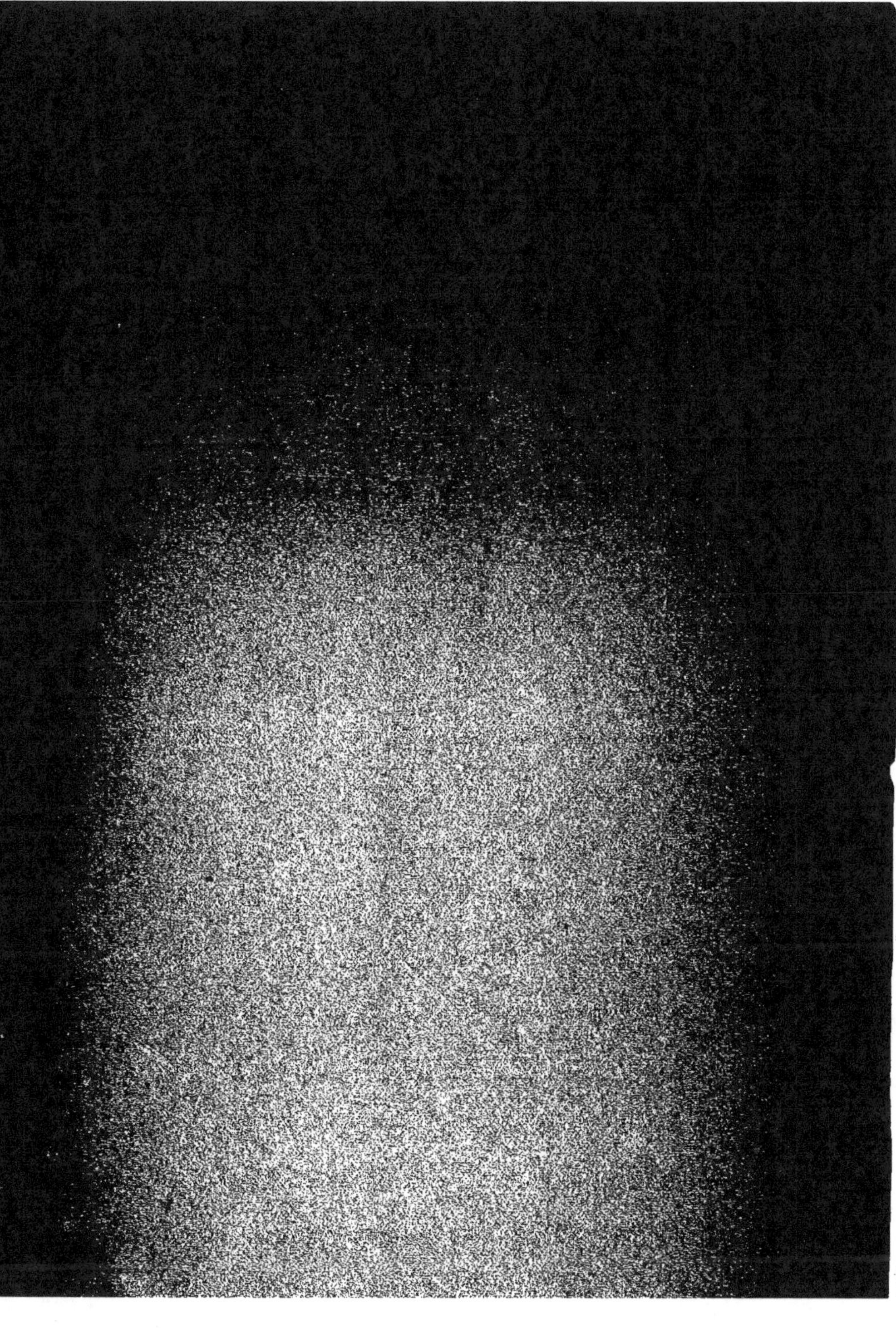